# BEI GRIN MACHT SICH IHR WISSEN BEZAHLT

- Wir veröffentlichen Ihre Hausarbeit, Bachelor- und Masterarbeit

- Ihr eigenes eBook und Buch - weltweit in allen wichtigen Shops

- Verdienen Sie an jedem Verkauf

Jetzt bei www.GRIN.com hochladen und kostenlos publizieren

**Bibliografische Information der Deutschen Nationalbibliothek:**

Die Deutsche Bibliothek verzeichnet diese Publikation in der Deutschen Nationalbibliografie; detaillierte bibliografische Daten sind im Internet über http://dnb.d-nb.de/ abrufbar.

Dieses Werk sowie alle darin enthaltenen einzelnen Beiträge und Abbildungen sind urheberrechtlich geschützt. Jede Verwertung, die nicht ausdrücklich vom Urheberrechtsschutz zugelassen ist, bedarf der vorherigen Zustimmung des Verlages. Das gilt insbesondere für Vervielfältigungen, Bearbeitungen, Übersetzungen, Mikroverfilmungen, Auswertungen durch Datenbanken und für die Einspeicherung und Verarbeitung in elektronische Systeme. Alle Rechte, auch die des auszugsweisen Nachdrucks, der fotomechanischen Wiedergabe (einschließlich Mikrokopie) sowie der Auswertung durch Datenbanken oder ähnliche Einrichtungen, vorbehalten.

**Impressum:**

Copyright © 2012 GRIN Verlag
Druck und Bindung: Books on Demand GmbH, Norderstedt Germany
ISBN: 9783668615533

**Dieses Buch bei GRIN:**

https://www.grin.com/document/387357

Thomas Reck

# Der Einfluss der Maya-Kultur auf die spanisch-lateinamerikanischen Kurzgeschichten bei "Chac Mool" von Carlos Fuentes

## Die Bedeutung des Opfertodes und der Vergleich von "Chac Mool" mit der Gottheit Chac Mool

GRIN Verlag

**GRIN - Your knowledge has value**

Der GRIN Verlag publiziert seit 1998 wissenschaftliche Arbeiten von Studenten, Hochschullehrern und anderen Akademikern als eBook und gedrucktes Buch. Die Verlagswebsite www.grin.com ist die ideale Plattform zur Veröffentlichung von Hausarbeiten, Abschlussarbeiten, wissenschaftlichen Aufsätzen, Dissertationen und Fachbüchern.

**Besuchen Sie uns im Internet:**

http://www.grin.com/

http://www.facebook.com/grincom

http://www.twitter.com/grin_com

Christian-Albrechts-Universität zu Kiel
Romanisches Seminar
Einführung in die spanische Literaturwissenschaft II
„Cuento latinoamericano desde el siglo XX hasta nuestros días –
Lateinamerikanische Erzählungen vom 20. Jahrhundert bis heute"
Sommersemester 2012

## Der Einfluss der Maya-Kultur auf die spanisch-lateinamerikanischen Kurzgeschichten am Beispiel „Chac Mool" von Carlos Fuentes.

Die Bedeutung des Opfertodes und der Vergleich von Chac Mool mit der Gottheit Chac Mool.

von

Thomas Reck

Geschichte/ Spanisch, 4. Fachsemester

# Inhaltsverzeichnis

| | | |
|---|---|---|
| 1 | Einleitung | 3 |
| 2 | Carlos Fuentes | 3 |
| 3 | Der Gott Chac Mool | 4 |
| 4 | Personen in der Kurzgeschichte | 5 |
| 4.1 | Chac Mool | 5 |
| 4.2 | Filiberto | 6 |
| 5 | Opfertod und der Vergleich der Chac Mools | 7 |
| 6 | Fazit | 8 |
| 7 | Literaturangaben | 10 |
| 8 | Internetseiten | 10 |

# 1 Einleitung

Diese Hausarbeit befasst sich mit dem Thema: Der Einfluss der Maya-Kultur auf die spanisch-lateinamerikanischen Kurzgeschichten am Beispiel „Chac Mool" von Carlos Fuentes. Der kulturelle Einfluss der Maya soll anhand eines Vergleiches der Figur Chac Mool aus der Kurzgeschichte mit dem Gott Chac Mool beschrieben werden. Wie viele Übereinstimmungen gibt es zwischen der wissenschaftlichen Erkenntnis des Gottes und der Figur in der Kurzgeschichte? Dazu werden die Bedeutung und die Art des Opfertodes in der Kurzgeschichte analysiert, um darzustellen, inwiefern sie von den Opferritualen der Maya abweichen.

Zuerst werden die Figuren von Filiberto und Chac Mool sowie der Gott Chac Mool der Maya beschrieben. Dies dient als Grundlage für die danach folgende Analyse. Für diese Hausarbeit wurde nicht nur die Kurzgeschichte Chac Mool von Carlos Fuentes verwendet, sondern auch das Buch „Del silencio a la palabra – Mythische und symbolische Wege zur Identität in den Erzählungen von Carlos Fuentes" von Rosa María Sauter de Maihold sowie die Arbeit „Zwischen Göttern und Menschen – Zur Bedeutung der Chac Mool" von Dörte Zbikowski.

# 2 Carlos Fuentes

Carlos Fuentes Macías war ein mexikanischer Schriftsteller, der sich mit dem Alltag und der Geschichte Mexikos und anderen Ländern Lateinamerikas auseinandersetzte. Er wurde am 11. November 1928 in Panama-Stadt geboren. Am 15. Mai 2012 ist Carlos Fuentes in Mexiko-Stadt gestorben. Da sein Vater Diplomat war, lebte Carlos Fuentes in seiner Jugend in den 1930er-Jahren unter anderem in Washington und in vielen Ländern Lateinamerikas. So lernte er schon früh andere Kulturen, deren Sprache und Literatur kennen.[1] 1946 schloss er seine Schulausbildung mit dem Abitur ab und studierte später in Mexiko und Genf Jura. Carlos Fuentes schrieb politische Artikel unter anderem für die Zeitschrift „Hoy", wofür er mehrere Preise vom Colegio Francés Morelos bekam.[2] Er arbeitete zunächst, wie sein Vater, als Diplomat und bereiste London, Paris, Rotterdam, Venedig und Washington. Im Jahr 1987

---

1  Vgl. Offizielle Homepage von Carlos Fuentes: http://www.clubcultura.com/clubliteratura/
   clubescritores/carlosfuentes/crono1.htm abgerufen am 10.09.2012 um 18:15 Uhr.
2  Vgl. Offizielle Homepage von Carlos Fuentes: http://www.clubcultura.com/clubliteratura/
   clubescritores/carlosfuentes/crono1.htm abgerufen am 10.09.2012 um 18:33 Uhr.

bekam er den Premio Cervantes-Preis in Alcalá de Henares für sein Lebenswerk verliehen.[3]

Seit den 1950er-Jahren veröffentlichte Carlos Fuentes eigene Bücher, Kurzgeschichten und Erzählbände. 1954 wurden seine ersten Erzählungen und Kurzgeschichten im Buch „Los días enmascerados" veröffentlicht, in welchem auch die Kurzgeschichte von „Chac Mool" enthalten ist. 1958 wurde sein erster Roman „La región más transparente" herausgebracht. Sein Roman „Gringo viejo" aus dem Jahr 1985 wurde drei Jahre später unter demselben Namen und mit den Schauspielern Jane Fonda und Gregory Peck verfilmt.[4]

## 3 Der Gott Chac Mool

Der Gott Chac Mool ist der Regengott der Maya. Der Archäologe Auguste Le Plongeon (1826 – 1908) entdeckte im Dezember 1875 in Chichen Itzá die erste Steinfigur und nannte sie Chac Mool, was übersetzt Roter Tiger bedeutet.[5] Die Chac Mools sind nur als Skulpturen nachgewiesen und haben eine menschliche Gestalt. Die Skulpturen sind halb liegend und die Beine zum Körper hin angewinkelt. Die Figur stützt sich auf den Ellbogen ab und der Kopf ist zur Seite hin gedreht. In der Mitte der Figur, am Bauch, besitzt sie eine Schale oder Vertiefung, welche für Opferrituale benutzt wurde.[6]

Die Skulptur des Chac Mool gab es auch bei den Azteken, Tolteken etc. Aber die meisten Statuen wurden in dem ehemaligen Herrschaftsbereich der Maya gefunden. Der Name Chac Mool ist ein Maya-Name und mit großer Wahrscheinlichkeit wurde der Gott Chac Mool von den Maya entwickelt.[7] Die umliegenden oder nachfolgenden Kulturen adaptierten den Gott in ihre eigene Kultur und Riten.

In der Wissenschaft wurde akzeptiert, dass Chac Mool als Regengott verehrt wurde oder in Verbindung mit dem Regengott stand. Besonders bei den aztekischen Statuen wurden Details wie Umrandungen der Augen, hervorstehende Zähne oder Wassertiere an den Sockeln der

---

3 Vgl. Offizielle Homepage von Carlos Fuentes: http://www.clubcultura.com/clubliteratura/ clubescritores/carlosfuentes/crono5.htm abgerufen am 10.09.2012 um 18:33 Uhr.
4 Vgl. Offizielle Homepage von Carlos Fuentes: http://www.clubcultura.com/clubliteratura/ clubescritores/carlosfuentes/crono5.htm abgerufen am 10.09.2012 um 18:44 Uhr.
5 Vgl. Zbikowski, Dörte: Zwischen Göttern und Menschen – Zur Bedeutung der Chac Mool, 2006, S. 2.
6 Vgl. Zbikowski, 2006, S. 5.
7 Vgl. ebenda, S. 6.

Statuen gefunden, die darauf schließen lassen, dass Chac Mool als Regengott verehrt wurde.[8] Die Statuen sind Opferaltäre für Menschenopfer, da viele Chac Mools an Orten entdeckt wurden, wo Rituale an Menschenopfern vollzogen wurden, wie Tempelpyramiden oder Plattformen. Dazu dienten die Schalen bei den Chac Mools zum Auffangen von Blut und Herzen.[9]

Eine Theorie zu Chac Mool lautet, dass die Chac Mools eine Vermittlerrolle einnehmen und als Mittlerfiguren zwischen Menschen und Göttern dienen. Das würde erklären, warum der Chac Mool immer von der Opferschale wegschaut.[10] Der Wissenschaftler Alfredo Cuéllar glaubt, dass Chac Mool eine Mittlerfigur für den Gott des Rausches ist, und begründet dies damit, dass Menschen im Zustand eines Rausches besser mit Göttern sprechen können.[11]

# 4 Personen in der Kurzgeschichte

## 4.1 Chac Mool

Die Figur des Chac Mool in der Kurzgeschichte ist lebensgroß und der Verkäufer schmierte ihm zu Beginn am Bauch mit Tomatenketchup ein, um seine Echtheit zu beweisen. Chac Mool braucht Sonnenlicht, welches senkrecht von oben auf ihn herabscheint. Filiberto, der Hauptprotagonist, stellt die Statur aber erst einmal in den Keller. Chac Mool klagt über fehlendes Wasser. Erst nach dem zweiten Wassereinbruch bei Filiberto hört das Klagen auf, weil der Klempner nicht zum Reparieren der Wasserleitung kommt und die Statur nass wird.

Auf der Oberfläche der Statur bildet sich ein grüner Schlamm, der nur die Augen auslässt. Später verwandelt sich der Stein in etwas Gipsartiges und dann noch mal weiter: „…hay en el dorso algo de textura de la carne,…"[12] Dazu bemerkt Filiberto, dass die Figur zu pulsieren anfängt.[12] Die Körperfarbe von Chac Mool verfärbt sich ins Gelbe, fast goldfarben, und später in Ocker, und wenn er sich bewegt, dann fängt es an zu regen. Als Filiberto eines Nachts aufwacht, riecht er „incienso y sangre".[13] Der Weihrauch kam von zwei brennenden Kerzen

---

8 Vgl. ebenda, S. 6-7.
9 Vgl. ebenda, S. 8-9.
10 Vgl. ebenda, S. 11-12.
11 Vgl. Zbikowski, 2006, S. 12.
12 Fuentes, Carlos: Chac Mool, auf ciudadseva.com: http://www.ciudadseva.com/textos/cuentos/esp/fuentes/chac.htm abgerufen am 10.09.2012 um 22:06 Uhr.
13 Fuentes, Carlos: Chac Mool, auf ciudadseva.com: http://www.ciudadseva.com/textos/cuentos/esp/fuentes/chac.htm abgerufen am 10.09.2012 um 23:10 Uhr.

und der Blutgeruch von Chac Mools Bauch.

Anfangs ist Chac Mool freundlich zu Filiberto und erzählt ihm von seinem Leben als Regengott und dass er von seinem Maya-Versteck weggeschleppt wurde. Des Weiteren könnte Chac Mool auf Rache aus sein: „Creo que nunca lo perdonará el Chac Mool."[14] Mit der anfangenden Trockenzeit wird Chac Mool übellauniger und reizbarer. Er zerstört Einrichtungsgegenstände, greift Filiberto an und später schlägt er ihn sogar. Filiberto denkt, dass sich Chac Mool nur mithilfe von Wasser verwandeln kann. „Si no llueve pronto, el Chac Mool va convertirse en piedra otra vez."[15] Dies würde erklären, warum er immer aggressiver wird. Um zu verhindern, dass er sich wieder zurückverwandelt, setzt Chac Mool das Haus unter Wasser. Nachdem der Strom und das Wasser abgestellt worden waren, zwingt Chac Mool Filiberto, Wasser zu holen und sich Essen liefern zu lassen. Chac Mool geht nachts aus dem Haus, um sich Haustiere zu holen und diese dann zu essen. Bei einem dieser nächtlichen Ausflüge von Chac Mool flieht Filiberto aus dem Haus. Nachdem Filiberto dann später ertrunken war, verwandelte sich Chac Mool vollständig in einen Menschen/ einen gelben Indianer.[16]

## 4.2 Filiberto

Filiberto ist ein Mann, der für den Staat arbeitet und der „keine gefestigte Identität"[17] besitzt. Er hängt am Erbe seiner Eltern und deren Haus, in welchem die meisten Räume abgeschlossen sind und nicht benutzt werden.[18] Er sammelt kleine Skulpturen von einheimischen Göttern und sucht noch eine Skulptur von Chac Mool. Von Pepe, einem Freund, erfährt er, wo er günstig eine solche Chac Mool Skulptur kaufen kann. Nachdem Filiberto die Skulptur gekauft und sie mit nach Hause genommen hatte, hörte er Stimmen und dachte sich, dass das eine Einbildung sei.[19] Durch die weitere Anwesenheit des Chac Mool

---

14 Fuentes, Carlos: Chac Mool, auf ciudadseva.com: http://www.ciudadseva.com/ textos/cuentos/esp/fuentes/chac.htm abgerufen am 10.09.2012 um 23:19 Uhr.
15 Fuentes, Carlos: Chac Mool, auf ciudadseva.com: http://www.ciudadseva.com/ textos/cuentos/esp/fuentes/chac.htm abgerufen am 10.09.2012 um 23:24 Uhr.
16 Fuentes, Carlos: Chac Mool, auf ciudadseva.com: http://www.ciudadseva.com/ textos/cuentos/esp/fuentes/chac.htm abgerufen am 10.09.2012 um 23:32 Uhr.
17 Sauter de Maihold, Rosa María: Del silencio a la palabra – Mythische und symbolische Identität in den Erzählungen von Carlos Fuentes, Peter Lang GmbH – Europäischer Verlag der Wissenschaften, Frankfurt am Main, 1995, S. 165.
18 Fuentes, Carlos: Chac Mool, auf ciudadseva.com: http://www.ciudadseva.com /textos/cuentos/esp/fuentes/chac.htm abgerufen am 10.09.2012 um 23:49 Uhr.
19 Fuentes, Carlos: Chac Mool, auf ciudadseva.com: http://www.ciudadseva.com/ textos/cuentos/esp/fuentes/chac.htm abgerufen am 10.09.2012 um 23:49 Uhr.

wird Filiberto immer verwirrter und grober, was sich auch auf seinen Beruf auswirkt. Deshalb geht er zum Arzt, um zu fragen, ob dies nur Einbildung sei oder er an einem Delirium leide. Später lässt seine Fähigkeit des Schreibens nach, sie entwickelt sich zu einer Kinderschrift zurück. Filibertos Gedankengänge werden tiefgründig verwirrter im Absatz von „Todo es tan natural: …" bis „…y que debe sacudirnos para hacerse viva y presente."[20] Dies führt so weit, dass Filiberto wegen „rumores de locura y aun robo"[20] ohne Rente entlassen wird.

Zu Chac Mool ist Filiberto immer freundlich, da er vor ihm Angst hat. Chac Mool wird wegen der Trockenzeit immer aggressiver, greift ihn an und schlägt ihn. Und so unterwirft sich Filiberto Chac Mool. Filiberto erkennt, dass er ein Gefangener des Chac Mool ist. Seine Aussage: „Mi idea original era distinta: yo dominaría al Chac Mool."[21] lässt darauf schließen, dass er wahnsinnig ist, dass er denkt, einen Gott zu beherrschen. Gegen Ende der Kurzgeschichte flieht Filiberto aus dem Haus. Später ertrinkt er und wird somit zum Opfer von Chac Mool.

## 5 Opfertod und der Vergleich der Chac Mools

Carlos Fuentes Darstellungen vom Opfertod sind an die Thesen von Octavio Paz angelehnt. In anderen Erzählungen berücksichtigte er drei Elemente: „Wiederbelebung mythischer Essenzen", „kulturelle Kontinuität ohne religiöse Bindung" und als „Bedingung zur Erfüllung der Existenz".[22] Diese drei Elemente kann man auch auf die Kurzgeschichte von Chac Mool anwenden. Im erstgenannten Punkt spiegelt sich die Reinkarnation des Chac Mools wider, der sich durch den Tod Filibertos vollständig wieder in einen Menschen/ einen gelben Indianer verwandelt. Zweitens ist dieser Opfertod in der Kurzgeschichte nicht nach den religiösen Vorstellungen der Maya oder Azteken vollzogen worden. Es wurde kein Blut oder das Herz geopfert, sondern der Opfertod ist im Sinne eines Mordes durch Ertrinken erfolgt. Drittens musste dieser Opfertod als Bedingung dafür vollzogen werden, dass die Existenz (die Verwandlung) des Chac Mool zum Menschen abgeschlossen werden konnte.
Zwischen dem echten Chac Mool als Gottheit und der Figur Chac Mool in der Kurzgeschichte gibt es viele Parallelen. Als Erstes kann man das Aussehen der Skulptur nennen, welche in der

---

20 Fuentes, Carlos: Chac Mool, auf ciudadseva.com: http://www.ciudadseva.com/textos/cuentos/esp/fuentes/chac.htm abgerufen am 10.09.2012 um 23:49 Uhr.
21 Fuentes, Carlos: Chac Mool, auf ciudadseva.com: http://www.ciudadseva.com/textos/cuentos/esp/fuentes/chac.htm abgerufen am 10.09.2012 um 23:49 Uhr.
22 Sauter de Maihold, 1995, S. 113.

Kurzgeschichte als lebensgroße Gestalt beschrieben wird. Die echten Skulpturen sind ebenfalls lebensgroß und besitzen eine menschliche Gestalt. Dazu kommt der rote Blutfleck am Bauch, welcher die Schale bei den echten Chac Mools symbolisieren soll. Ob die Skulptur in der Geschichte aufrecht steht oder wie die echten liegt, wird nicht beschrieben. Chac Mool wird in der Kurzgeschichte als Regengott bezeichnet und beschrieben. Chac Mool erzählt Filiberto von sich, wie er als Regengott in Erscheinung tritt. Wenn er sich bewegt, dann fängt es an zu regnen. Sein Bedürfnis nach Wasser steht für seine Verwandlung und seinen Gemütszustand. Das alles sind Beschreibungen dafür, dass er als Regengott erkennbar sein soll.

In der Kurzgeschichte gibt es aber auch Anzeichen, die auf eine wissenschaftliche Theorie hindeuten. Diese geht davon aus, dass Chac Mool in Verbindung mit dem Gott des Rausches steht und/oder eine Mittlerfigur ist. Zum einen kann man den Geisteszustand von Filiberto nehmen, der stetig nachlässt und auf einen Rauschzustand hindeutet. Durch diesen Rauschzustand ist es Filiberto anscheinend möglich, sich mit Chac Mool zu unterhalten. Die Aussage: „Filiberto no explica en qué lengua se entendía con el Chac Mool."[23] lässt darauf schließen, dass es Chac Mool als Mittlerfigur möglich ist, sich mit Menschen zu unterhalten. Des Weiteren findet der Opfertod des Filiberto weit entfernt von Chac Mool statt. Das deutet auf den Kopf der echten Chac Mool Skulpturen hin, welcher sich stets von der Opferschale am Bauch abwendet, um die Opferung nicht mit ansehen zu müssen.

# 6  Fazit

Der Einfluss der Mayakultur ist groß. Es werden kulturelle Persönlichkeiten in der Kurzgeschichte beschrieben. Dazu kommt ein kulturelles Ritual: der Opfertod, welcher einen großen Einfluss auf die lateinamerikanische Literatur, besonders bei Carlos Fuentes, hatte. Dem Opfertod in der Kurzgeschichte kommt eine große Bedeutung zu. Die Opferung von Filiberto war die Bedingung dafür, dass Chac Mool sich vollständig in einen Menschen verwandeln konnte. Dabei wurde aber auf die klassischen Mayarituale, wie Blut oder das Herz zu opfern, verzichtet. Der Tod als eine Opfergabe an sich ist für Carlos Fuentes wichtig gewesen, nicht das ursprüngliche Ritual, welches dafür vorgesehen war. Deshalb wurde der Opfertod des Filiberto im Sinne eines Mordes inszeniert und das kulturelle Opfern der Maya

---

[23] Fuentes, Carlos: Chac Mool, auf ciudadseva.com: http://www.ciudadseva.com/textos/cuentos/esp/fuentes/chac.htm abgerufen am 10.09.2012 um 23:49 Uhr.

wurde somit verändert, um es für die heutige Zeit verständlicher zu machen. Der Opfertod diente nicht mehr dazu, es bald regnen zu lassen, damit die Ernte nicht vertrocknet, sondern hatte ein höheres Ziel. In diesem Fall diente es für die vollständige Verwandlung (transformación) des Chac Mool zum Menschen.

Die Person des Chac Mool von Carlos Fuentes entspricht dem Gott Chac Mool vom Aussehen her und er wird erkennbar als Regengott beschrieben. Dazu gibt es, besonders bei Filibertos Geisteszustand, Beschreibungen, die Chac Mool als Gott des Rausches darstellen.

# 7 Literaturangaben

- Sauter de Maihold, Rosa María: Del silencio a la palabra – Mythische und symbolische Identität in den Erzählungen von Carlos Fuentes, Peter Lang GmbH – Europäischer Verlag der Wissenschaften, Frankfurt am Main, 1995.
- Zbikowski, Dörte: Zwischen Göttern und Menschen – Zur Bedeutung der Chac Mool, 2006.

# 8 Internetseiten

- **Fuentes, Carlos: Chac Mool, auf ciudadseva.com:**
http://www.ciudadseva.com/textos/cuentos/esp/fuentes/chac.htm
- **Offizielle Homepage von Carlos Fuentes:**
http://www.clubcultura.com/clubliteratura/clubescritores/carlosfuentes/crono1.htm

# BEI GRIN MACHT SICH IHR WISSEN BEZAHLT

- Wir veröffentlichen Ihre Hausarbeit, Bachelor- und Masterarbeit

- Ihr eigenes eBook und Buch - weltweit in allen wichtigen Shops

- Verdienen Sie an jedem Verkauf

Jetzt bei www.GRIN.com hochladen und kostenlos publizieren